AF244851

Lk² 258 (Réserve)

LES SORCIERS

DE

LA BEAUCE.

CHARTRES. IMPRIMERIE DE GARNIER.

LES SORCIERS

DE

LA BEAUCE

PAR

Ad. LECOCQ,

Chartrain.

Ne vous détournez point de votre Dieu
pour aller chercher des magiciens, et ne
consultez point les devins, de peur de
vous souiller en vous adressant à eux.

(*Lévitique*, chap. XIX, v. 31.)

CHARTRES.

PETROT-GARNIER, LIBRAIRE

Place des Halles, 16 et 17.

1861.

LES SORCIERS

DE

LA BEAUCE.

CHAPITRE I.

SOMMAIRE.

Pourquoi les Bergers sont-ils réputés sorciers? — Faits géné-
raux. — Faits prodigieux arrivés à Nogent-le-Rotrou; à
Chartres; à Bailleau et à Pontgouin. — Faits de sorcellerie:
Fulminations faites dans le diocèse de Chartres au XVe et au
XVIe siècle contre les devins et les sorciers.

Le titre que nous donnons à cette esquisse aurait
pu être remplacé par cet autre : *Les Bergers de la
Beauce*, comme étant mieux en rapport avec les traditions de notre pays; car tout le monde sait que les
bergers passaient anciennement pour sorciers; notre
Béranger, dans sa chanson *Les Etoiles qui filent*,
semble les avoir rangés dans la classe des astrologues :

> Berger, tu dis que notre étoile
> Règle nos jours et brille aux cieux.

> — Oui, mon enfant, mais dans son voile
> La mort se dérobe à nos yeux.
> — Berger, sur cet azur tranquille
> De lire on te croit le secret, etc.

Il est du reste facile d'expliquer les causes premières qui ont valu à ces vieux gardiens des troupeaux un renom de sorcellerie. La vie de ces humbles pasteurs s'écoulait solitairement au milieu des plaines, en contact avec leurs chiens fidèles et leurs moutons ; pendant les longues nuits, les bergers veillaient, se tenaient l'oreille au guet, prêts à se mettre en défense contre les loups menaçants ; cette sollicitude, qui tenait au métier, ne les empêchait pas d'observer et d'étudier les variations célestes, les phases croissantes et décroissantes des planètes, ces nombreuses merveilles qui se déroulaient sous leurs yeux. Au cours de leurs journées silencieuses, ces esprits pratiques exploraient la nature des plantes, les unes salutaires, les autres nuisibles : de là, cette tendance des bergers à exploiter la crédulité du vulgaire, qui leur attribuait des connaissances empiriques, capables de guérir les maladies humaines. De ces prétendues infaillibilités pour faire le bien, à la science des maléfices, pour exercer des vengeances contre leurs ennemis, il n'y avait qu'un pas. Aussi, le berger était généralement regardé dans les campagnes comme un épouvantail, un sorcier redoutable, dont il ne fallait pas encourir la disgrâce.

Il en a été de même chez tous les peuples ; les individus qui se livraient à l'étude des sciences occultes étaient signalés à la vindicte publique. L'ancien Testament est rempli de malédictions contre les sorciers, enchanteurs et astrologues.

Dans la loi des Douze Tables il est dit : « Si quel-
qu'un se sert d'enchantements pour les biens de la
terre, si, par le moyen de quelques charmes, il attire
le blé d'autrui dans un champ voisin, ou, bien l'em-
pêche de croître et de mûrir, il sera immolé à Cérès. »
La plupart des anciennes provinces de France pos-
sèdent le recueil imprimé de leurs légendes et de
leurs traditions populaires. Il n'en est pas ainsi
pour la Beauce ; son histoire locale est à peine ébau-
chée ; quant à l'histoire des légendes, usages et superstitions qui concernaient cette contrée, long-temps
occupée par les Druides, tout reste encore à faire.

Je me propose d'offrir à la curiosité des lecteurs
un aperçu des pratiques superstitieuses de la vieille
Beauce, ou plutôt les faits et gestes des sorciers qui
avaient jadis grande autorité auprès des esprits
simples. Aujourd'hui, le règne des sorciers est passé ;
la civilisation largement répandue dans nos villages,
les saines notions du christianisme et les lumières
écloses de la Révolution de 1789 ont ruiné le métier
des charlatans populaires.

Tout naturellement, mes récits se concentreront dans
le milieu que j'ai le plus souvent fréquenté ; je veux
parler de l'humble village de Pezy (1), pays habité
par de grands parents qui charmaient mon enfance,
en me racontant leurs souvenirs des histoires locales,
plus ou moins fantastiques ou légendaires.

Disons, une fois pour toutes, que ces sortes de
traditions n'ont rien d'original ni de particulier pour
tel village, bourgade ou province. Partout en France,

____

(1) Canton de Voves, arrondissement de Chartres (Eure-et-
Loir) ; population, 170 habitants.

les mêmes contes se débitaient avec de légères variantes; seulement, le Nord de la France se ressentait des superstitions importées par les Franks et les Saxons; les invasions des Sarrazins avaient laissé dans le Midi des traces de fictions et d'inventions féeriques de l'Asie et de l'Afrique.

Ne confondons pas les aventures romanesques avec ces relations respectables qui figurent dans nos manuscrits historiques et qui consacrent la mémoire des faits que nous appellerons prodigieux.

Nous nous contenterons d'extraire un petit nombre de ces récits que nous emprunterons aux manuscrits des bibliothèques publiques. Nous fournissons, avec plaisir, un argument inédit pour confirmer l'opinion des savants annalistes qui ont appris à nos contemporains le sinistre essuyé vers 1194 par la cathédrale de Chartres (1), lequel fut suivi de sa reconstruction, puis de sa dédicace en 1260.

FAITS PRODIGIEUX.

An 1191. — « Il arriva cette année quantité de prodiges; entre autres, le 14 mars, furent veues près Nogent-le-Rotrou dans ce diocèse de Chartres et derrière l'église de Saint-Jean dudit lieu, des batailles en l'air qui combattoient les uns contre les autres, on oyoit les trompettes et tambours, le cliquetis des armes, le hennissement des chevaux, et veu on sur la place quantité de sang répandu. En mémoire de

(1) *Le Livre des Miracles de Notre-Dame de Chartres*, in-8o (Chartres, Imp. Garnier, 1855), p. 283.

quoy, on érigea à l'endroit du lieu où cela étoit arrivé un croix qui si veoid encores qu'on appelle *la Croix des Batailles* (1)!!! »

En effet, derrière le château de Nogent-le-Rotrou et les maisons du bourg Saint-Jean, il existe encore un terroir appelé *le Champ des Batailles;* mais la croix commémorative de cet événement a disparu.

(1190-1200). — « En ce temps aussi, entre Compiègne et Clermont en Beauvoisin, cheut tonnerre, gresle et tempeste en si grand habondance, que les maisons et arbres en furent abatues et acravantées. *Et qui plus est furent veux en lair corbeaux portans tisons de feu pour brusler les maisons, lors fut bruslée* NOSTRE DAME DE CHARTRES *et le château de Chaumont en l'Evesché de Laon* » (2).

An 1197. — « Guillaume Le Breton remarque qu'en l'an 1197, au village de Baillau, il ne dit toutes fois lequel, au diocèse de Chartres, un prêtre disant la messe, l'hostie qu'il tenait entre ses mains fut convertie en de la chair » (3).

An 1574. — « Le 15e et 16e jour de novembre 1574, sur le soir, il parut en l'air du costé de la porte Drouaise (à Chartres) un grand feu qui, se divisant en une infinité de rayons, leur donnoit la forme de dards, de lances et de hallebardes, et sembloit les

(1) *Hist. de Chartres* par Souchet (manusc. de la Bibliot. de Chartres, fol. 181).

(2) *La Mer des Histoires* (Lyon, 1506), chap. 100, feuillet 88.

(3) Souchet, *ut supra,* chap. XXV, fol. 285, et Collect. Guizot, t. XI, p. 216.

faire lancer les uns contre les autres, s'entre choquer comme dans une bataille rangée » (1).

An 1576. — « Information faite par Pierre de Fontaines, chanoine de Chartres, official et vicaire général de Mgr de Thou, évesque de Chartres. Le 22 may 1576, pour raison de deux croix de couleur noire, marquetées de couleur vermeille, trouvées le jeudi précédent en deux esclatz de bois fenduz d'une busche faisant partie d'une charretée de bois, ledict jour acheptée au marché ordinaire par Jehan Guynard pâticier (2) demeurant à Chartres en la rue du Merrain, paroisse de Saint Saturnin; par laquelle information, icelles croix avoient esté ledict jour veues par plus de 4,000 personnages, et avoient esté transférées en l'église dudict Sainct Saturnin » (3).

An 1578. — « Au mois de febvrier 1578, un prestre, s'approchant du lit d'un malade pour le confesser, dans le bourg de Pontgoing, se sentit frapper rudement à la joüe sans qu'il parust aucune main, ny qu'il pust recognoistre dans la chambre autre chose qu'une voix effroyable qui lui cria : *Sors d'icy c'est ma proye* (4)!! »

(1) *Hist. chron. de Chartres*, par Pintart, fol. 436 (manusc. de la Bibliothèque de Chartres).

(2) C'est le père du célèbre ligueur Jean Guygnard, professeur de théologie au collége des Jésuites, pendu le 7 janvier 1595 par arrêt du Parlement de Paris.

(3) *Mém. de G. Laisné*, prieur de Moudonville, t. XI, fol. 110 (manusc. de la Bibl. Impériale).

(4) Pintart, *ut sup*, fol. 441.

Nous ne pousserons pas plus loin les citations de ces faits merveilleux. Il nous tarde d'aborder les détails réprouvés par la raison, simples historiettes destinées à l'amusement de nos lecteurs.

FAITS DE SORCELLERIE.

L'Eglise a toujours condamné les sorcelleries. Voici un passage d'un livre, *Manuale Carnotense*, imprimé en 1490 (1) par les soins de J. Remy, pénitentier de l'évêque Miles d'Illiers, où se lit, fol. 94 : « Nous denunçons pour excommuniés tous sorciers et sorcières, usuriés et usurières, charmeurs et charmaresses, devins et devinaresses, et ceux qui croient et adiouste foy, faulx dismeurs et dismeresses, tous ceulx et toutes celles qui mettent empeschement en mariage qui sont à faire ou parfais, et qui mettent empeschement à l'encontre des drois, franchises et libertés de la Iuridition de nostre mère saincte église. »

Et fol. 86 : « Item ie deffens que nul sorcier ou sorcière ne parsonne qui y croie, iusques a ce qu'ilz soient vraies confés et repentens viengne à la table de nostre Seigneur. »

Nicolas de Thou, évêque de Chartres, publia le 18 mai 1585, un curieux Mandement adressé aux curés de son diocèse, au sujet des sorciers et autres gens mal intentionnés contre le repos et le bien public :

(1) *(Paris, G. Maynial, in-4º, goth.)* Bibliothèq. de Chartres, 30/D. 5,937.

« Reuerend Père en Dieu Monsieur l'Euesque de Chartres ayant receu infinies plaintes contre ceulx, qui, oublians et leur propre salut, s'accointent auec les malings esprits a l'instigation et ruze desquels malicieusement empeschent par charmes, sorts et enchantements la consommation des mariages diuinement instituez pour immortalizer l'homme en ce monde par la procréation de son semblable, en réparant ce que le temps et cours de nature enfin consomment, oultre le mutuel secours et ayde qu'il se peult promettre de cette honneste conionction, pour plus aisement supporter les incommodités de ceste vie transitoire, et reprimer l'ardeur des sensuelles concupiscences, enioint estroictement aux Curés de son diocèse d'admonester en leurs prosnes, par trois Dimenches consécutifs, ceulx qui en sont coulpables, à ce que, par vraye penitence et confession des offences passées, ils ayent à se recongnoistre et désister de nuire et faire tort à leurs prochains, renonçans ausdits malings esprits, et à tous leurs œuures, dont ne peuuent attendre que leur propre ruine et damnation, estans ja captifs en leurs pieges, et miserablement detenuz comme chetifs esclaues ; Où, ledit temps passé, ne tiendront compte desdites admonitions, les anathématiseront et publiquement déclareront infâmes, priués de prieres, suffrages, bien-faits, communion et participation des sacrements de l'Eglise (organes et instruments des graces diuines), de l'assistance au diuin seruice, banis et deschassez de toute compagnie et légitime assemblée des Chrestiens, comme Publicains ethnicques et indignes de s'y trouuer, et abandonnés ainsi que soldats cassez et fugitifs du camp de leur Prince, feront aussi expresses inhibitions et de-

cuuizoy cctept la s. t
he/t/de februrvr fut
bruste a chavtat |z
hommes tont des padus
a/z/ potences
tourne la figure

fences à leurs paroissiens de parler à ceulx desquels ils auront cognoissance, boire, manger, frequenter et negocier aucunement auec eulx, voire par personnes interposées, n'y les saluer, ains fuyr comme peste et ennemys de la société ciuile, et promptement les reueleront à l'Official dudit Reuerend, pour proceder contre eulx par les voyes de droit ainsi que de raison, et ce, sur les mesmes peines d'estre tenuz comme fauteurs desdits sorciers à leur honte et confusion; Et sera, par lesdits Curés, denié la sepulture Ecclesiastique à ceux qui seront ainsi deferés, s'ils ne monstrent euidens signes de penitence, contrition et desplaisance à l'heure de leur mort.

» Fait à Chartres le dix-huictiesme iour de may mil cinq cens quatre-vingts et cinq. »

Jean Jouet, maître de Psalette en l'église de Chartres (1652-1687), dans une note laconique insérée dans son *Journal Chartrain* manuscrit, dit : « *Vers 1516 deux mauvais garnemens et sorciers furent brulés tous vifz pour leurs mesfaitz sur le marché aux Pourceaux à Chartres.* » Par un singulier hasard, nous avons découvert à la fin d'un volume appartenant à la Bibliothèque de Chartres et intitulé *La Mer des Histoires* (Lyon, 1506), la note manuscrite suivante accompagnée d'un dessin : « *Environ ce temps 1516, le 6 de feburir, fut brusle a Chartres 2 hommes tout vif pandus a 2 potences comme la figure.* » Nous reproduisons ci-contre le *fac-simile* du dessin.

CHAPITRE II.

SOMMAIRE.

En étudiant les mœurs des habitants des campagnes, on reconnaît que le souvenir des faits locaux est extrêmement vivace et traverse, sans altération notable, les années et les siècles. Pas un endroit du territoire qui n'ait sa légende ou souvent une appellation bizarre, pas un nom de champtier, de mare, de masure qui ne s'appuie sur un événement quelconque; ces faits, racontés par les anciens aux jeunes générations, passaient ainsi de bouche en bouche, vrais au fond, mais embellis et grossis quelque peu par l'imagination des conteurs.

Il était admis dans toutes les provinces et en particulier chez les villageois de la Beauce et du Perche, que chaque ruine de château féodal, chaque cimetière un peu ombragé, chaque chapelle isolée, enfin que les moindres excavations, monticules, vallées ou ravins devaient avoir leurs légendes et leurs esprits familiers.

Ces croix, que l'on rencontrait toujours aux carrefours formés par plusieurs chemins recevaient nécessairement de nocturnes apparitions. Dans la Beauce, ce vénérable symbole de la rédemption est souvent orné de brins de buis arrangés en crucifix et appliqués à la jonction des bras de la croix, dans la journée du Vendredi-Saint; de là l'appellation de *Croix bouisée* (1). Dans le Perche, on évidait dans le bois une petite niche pour y placer une figurine de la sainte Vierge, sur laquelle on appliquait un grillage : ce sont ces genres de croix que l'on appelait *croix mariettes*, c'est-à-dire sous l'invocation de la Vierge Marie. Les croix de carrefours et des cimetières étaient un rendez-vous fréquenté par des fantômes : leurs plaintes et leurs gémissements donnaient avis aux passants attardés, que les morts réclamaient auprès de leurs parents ou de leurs amis des prières pour le repos de leurs âmes.

Qu'il me soit permis de révéler les drôleries du *Veillon* qui réunissait, au temps de mon enfance, une nombreuse société dans un des Tects de Pezy (2). Il me semble encore entendre le récit et les narrations effrayantes que débitaient les commères du village, tricoteuses infatigables, dont la langue allait encore plus vîte que les aiguilles; il va sans dire que les histoires s'appliquaient aux vilains tours que l'esprit-malin, les sorciers et les bergers avaient joués à leurs ancêtres ou à leurs voisins. Les *preneurs*

(1) Pour buis, *buxus*, motif étymologique des nombreux champtiers de la *Croix boisée.*

(2) *Tćet* ou *Tets* pour toît, couverture, *Tectum*. C'est ainsi que l'on désigne en Beauce l'étable aux vaches.

d'allouettes étaient surtout écoutés avec une faveur particulière; car, dans leurs chasses nocturnes aux filets, ils avaient dû rencontrer grand nombre de fantômes ou esprits-follets; dans ces assemblées du *Veillon* se faisait un véritable cours de cabalistique et d'erreurs superstitieuses.

Pezy était une ancienne seigneurie qui dépendait du Chapitre de Notre-Dame de Chartres, amplement pourvue d'officiers pour l'administration de la justice : un bailli (1), un procureur fiscal et un greffier, plus un tabellion et un sergent. Ce fief appartenait dans l'origine aux religieux de Saint-Martin-au-Val; mais depuis le XIIe siècle le Chapitre en a toujours été possesseur. Au XIIIe, Robert de Berou, chancelier, et Philippe de Cornillon, archidiacre de Dunois, tous deux chanoines de l'église de Chartres, agrandirent le domaine de la mairie de Pezy (2). Dans une charte de juin 1223, on lit : « *Gervasio maiori nostro de Peseio;* dans une autre, il est appelé *Pesiaco*. Le territoire de cette commune est borné au nord par la Piehordière, ancienne seigneurie de Jean De la Croix, chanoine de Chartres (1544); à l'ouest, par le bois du Gland et le village de Vovelles, fief de Thomas de la Ruelle (1478); vers le midi, le Bois de Saint-Martin et Ville-

(1) Dès 1522, nous trouvons une procédure criminelle devant le bailli de Pezy contre un particulier accusé d'avoir assassiné sa sœur. Il fut condamné par le bailli et la sentence fut exécutée.

(2) Cette paroisse était sous le vocable de saint Taurin, une notable portion de ses reliques y était conservée; elles furent au XVe siècle apportées en sauvegarde dans l'église Notre-Dame de Chartres, et depuis cette époque les habitants ne purent jamais en obtenir la réintégration dans leur église.

quoi ; vers l'est, le château de Louasville, fief de la famille Le Mareschal (1570), et le village de Nicorbin, dont Denis Le Houic était seigneur (1478) ; enfin le chemin de *César*, conduisant de Chartres à Orléans.

A cent mètres du village de Pezy et joignant le chemin qui conduit à Nicorbin, existait une vaste nappe d'eau (ressource assez rare en Beauce) qui occupait, d'après les anciens, une surface d'environ deux arpents ! elle est réduite actuellement à vingt-huit ares. Ce vaste récipient (espèce de mare) était extrêmement poissonneux et s'appelait *Grand Lüe* ou *Luz* (1). Les officiers du Chapitre eurent souvent à verbaliser contre les entreprises des seigneurs du voisinage qui venaient y pêcher : le sergent, aidé des habitants, s'opposa plusieurs fois à ces entreprises ; aussi furent-ils exposés aux rudes représailles des nobles délinquants.

Malheur au pays si de vilains maraudeurs que la voix publique affublait de la qualification de *grêleurs* s'avisaient de battre l'eau avec leurs longues baguettes ! infailliblement un orage éclatait et toute la contrée était grêlée ! ! *La mare de Grand-Lüe* fut plusieurs fois, dit-on, le lieu de pareilles scènes.

Le bois du Gland avait alors une étendue plus vaste que maintenant : il était rempli de lièvres et de lapins ; sa défense était confiée aux gardes seigneuriaux qui n'épargnaient pas les braconniers ; mais si ces derniers n'avaient pas droit au port d'armes, en retour ils savaient que des collets bien placés rapportaient plus de profit et faisaient moins de bruit !

La croyance populaire de la contrée enseignait

(1) *Luccus*, brochet.

qu'il y avait grave imprudence à tendre des piéges ou collets la nuit de Noël : les esprits-malins parcourant la plaine à cette époque et se travestissant sous la forme de divers animaux, gare à celui qui aurait risqué de prendre le *diable au collet*. Néanmoins Jean Godon, braconnier et esprit fort du village de Pezy, craignant moins le diable que le sergent du Chapitre, osa se rendre à la chute du jour, la veille de Noël 1585, au bois du Gland et au buisson de l'Ane-Blanc; là il tendit ses collets et revint au village passer la soirée au *Veillon* en attendant l'heure de la messe de minuit. Bientôt les cloches de la paroisse appellent les fidèles; Godon prend alors le chemin de Vovelles qui devait le conduire au bois du Gland et là il trouve bien les six collets qu'il y avait placés; mais à chacun d'eux une grosse pierre remplaçait le gibier : d'abord la peur le saisit, son courage l'abandonne; cependant il se rassure à là pensée que des confrères en braconnage peuvent être les auteurs de cette malice ; il lève ses collets pour aller visiter les autres piéges tendus au buisson de l'Ane-Blanc; ce buisson était réputé pour être hanté par les *esprits;* c'était un petit espace inculte, planté de quelques broussailles au milieu desquelles s'élevait une magnifique aubépine portant plus de cinq mètres de hauteur; la lune à demi voilée projetait une lumière assez forte pour lui permettre de voir un gros lièvre qui se débattait dans un des collets; son pelage fourré brillait, avec des reflets qui semblaient dorés; il était facile de juger par ses soubresauts qu'il était seulement retenu par une patte de derrière; Jean Godon hâte le pas, dépose ses collets à terre pour pouvoir saisir avec plus de liberté ce magnifique

gibier qui devait le récompenser de ses déconvenues
du bois du Gland; il se baisse pour le prendre par
les oreilles, mais au même instant le lièvre coupe
avec ses dents la patte prise dans le piége, pousse un
cri strident et se sauve en boîtant vers les ousches du
village de Pezy; Godon se met en devoir de le pour-
suivre et de l'atteindre à la course; le lièvre, de temps
à autre, se posait sur son séant pour se reposer et
pour lécher sa blessure, d'où le sang sortait en abon-
dance; enfin après de longs détours, l'homme et la
bête, haletants et essoufflés, se trouvèrent en face de
la mare de Grand-Lüe : là, Godon se baisse vivement
pour s'emparer de sa proie; mais d'un seul bond, le
lièvre avait franchi la largeur de la mare et se trouvait entre deux saules sur la rive opposée; il se re-
tourne vers le braconnier qui était stupéfait du saut
merveilleux : EH BIEN, L'AMI, lui cria-t-il d'une
voix aigre et railleuse, EST-CE BIEN SAUTÉ POUR
UN BOITEUX???

Jean Godon avait compris à quel gibier il avait eu
affaire; il rentra chez lui, dolent et terrifié, une fièvre
pernicieuse l'abattit et le jeta sur son lit; au retour
de la messe de minuit, sa femme, le trouvant couché,
eut beaucoup de peine à lui faire rapporter cette histoire calamiteuse; deux jours après, un glas était
sonné par *Blaisine* et *Taurine*, les cloches de Pezy;
il annonçait la triste fin du téméraire braconnier.

Non loin de ces parages se trouve le *Champtier du
Mont-Chenu;* ces terres sont actuellement mises en
culture; elles furent longtemps stériles et délaissées.
Sur le haut du monticule existait jadis un château-
fort habité par un châtelain dont le nom n'a pas été

conservé ; c'était un de ces seigneurs féodaux qui voulaient, à l'instar de Hugues du Puiset, s'affranchir de toute soumission envers l'autorité royale ; espèce de petit tyran affectant peu de religion et beaucoup d'audace, il dévalisait les voyageurs avec l'aide de ses gens d'armes ; le lieu se trouvait du reste des plus propices, puisque le château était placé à proximité du chemin conduisant de Chartres à Orléans, à travers la Beauce.

A une époque déjà reculée, on fit des fouilles sur l'emplacement où avait été édifié cet ancien castel, et on trouva, dit-on, à une certaine profondeur, des débris de murailles, de tuiles et de briques de grande dimension, des pièces de monnaie dont personne ne put déchiffrer la légende ; chaque villageois tenait pour certain que les caves du vieux manoir renfermaient des trésors enfouis par le dernier propriétaire ; repentant dans sa vieillesse des crimes qu'il avait commis et du pacte qu'il avait contracté avec le diable, le châtelain aurait fait le vœu d'accomplir, en expiation, le voyage de la Terre-Sainte : après avoir mis ordre à ses affaires et caché ses trésors, il serait parti pour ne plus rentrer au château du Mont-Chenu ; faute d'entretien, l'édifice serait tombé en ruine.

La tradition prétend que depuis le départ du pélerin et par suite de son pacte fatal, un prodige s'opérait au Mont-Chenu tous les ans le jour de Noël, pendant que le curé de Pezy récitait à la messe de minuit la généalogie de Notre-Seigneur Jésus-Christ (1) ; au nord du mamelon du Mont-Chenu, une large crevasse

___

(1) *La Butte de Langotière*, commune d'Authon-au-Perche, jouissait du même privilége.

s'ouvrait subitement et laissait apercevoir plusieurs caveaux éclairés par une vive lumière ; on remarquait dans l'éloignement de larges coffres rangés de chaque côté des murailles ; à l'entrée les coffres renfermaient de la monnaie de billon, ceux plus loin de l'argent et d'autres plus éloignés des pièces d'or, en face au fond, un grand vase en or était rempli de pierreries et de diamants ! ! ! sur le sol gisaient épars les squelettes des imprudents visiteurs qui avaient voulu risquer l'entreprise au prix de leur vie. Ajoutons que ces trésors n'étaient accessibles que pendant un laps de temps très-court ; au dernier mot de la généalogie, l'antre se refermait et emprisonnait le cupide personnage qui n'avait pas su se contenter des monnaies entassées auprès de l'entrée.

Tout le monde citait, dans ma jeunesse, l'heureuse aventure dont un nommé Nicolas Cintrat était le héros ; il aurait pénétré dans les caves du Mont-Chenu et rempli ses poches de pièces en argent ; parvenu au troisième caveau, il aurait été saisi d'une frayeur salutaire et se serait enfui vers l'ouverture ; il était temps, car au moment où il sortait du souterrain, il aurait senti glisser sur son échine un corps dur qui le contusionna : l'entrée du Mont-Chenu s'était alors refermée sur les deux basques de l'habit restées à l'intérieur ! ! ! En homme bien avisé, il dégagea son corps en se dépouillant du vêtement, et s'il perdit le butin qu'il avait recueilli dans le caveau, il sauva du moins sa vie.

Il n'aurait pas été bienséant au *Veillon,* d'émettre le moindre doute sur la véracité de cette historiette, regardée par les *tricotteuses* comme des plus exactes et des plus authentiques.

Si nous dirigeons notre excursion vers le midi, nous apercevons une partie de territoire boisé, c'est le Bois de Saint-Martin; là existait un prieuré dépendant de l'abbaye de Notre-Dame de l'Ouye au diocèse de Chartres; c'était une habitation construite au milieu des bois, à côté se trouvait une chapelle (1). Les bois appelés les Bois de l'Abbaye se composaient de cent trente-quatre arpents.

Suivant une charte datée de l'an 1121, Louis de Blois, comte de Clermont, donna à perpétuité aux Frères du Bois de Saint-Martin, à prendre sur le moulin à foulon de Chartres, cinq sols chartrains tous les dimanches et, par chaque année, quarante aunes de bure, dix livres de rente, un millier de harengs, une charge d'huile et cinq muids de vin. En 1228, Jean, comte de Chartres, et Isabelle, sa femme, confirmèrent cette riche aumône (2).

Deux moines seulement habitaient cette maison religieuse qui fut en partie détruite pendant les guerres du XVIe siècle. La chapelle resta ouverte jusque vers 1765; alors la messe n'y était célébrée qu'à certaines époques de l'année par le curé de la paroisse. Jusqu'en 1762, les bois avaient été exploités sous la surveillance d'un garde pour le compte des religieux; mais à cette date, le millionnaire Benoist-Dumas, possesseur du domaine de Villequoi, les arrenta moyennant la somme annuelle de trois mille livres.

(1) Depuis six ans on s'est occupé de déroquer cette portion de bois; on y a rencontré les fondations de clôture du prieuré et celles de la chapelle, ainsi que des pierres tombales.

(2) Titre de l'abbaye de l'Ouye (Arch. de Seine-et-Oise).

Ce riche seigneur réunit les cent trente-quatre arpents avec les bois de son domaine de Villequoi. Le château, actuellement détruit, était un grand édifice du XVe siècle, de forme carrée, bâti en pierres et flanqué de quatre tourelles, clos de hautes murailles baignées par de larges et profonds fossés; un pont-levis y donnait accès.

Cet ancien castel beauceron était un des fiefs de noble homme Michel de Champrond (1), il passa ensuite aux mains de M. Dreux d'Aubray, lieutenant-civil au Châtelet de Paris. C'est dans la vaste salle de ce château que, le 7 avril 1670, fut servie sur la table par Lachaussée, valet affidé de l'empoisonneuse marquise de Brinvilliers, une tourte de pigeonneaux; sept personnes en mangèrent, toutes furent gravement indisposées; le 17 juin suivant, le propriétaire de ce château expirait des suites de ce repas et, peu de temps après, son frère allait le rejoindre dans la tombe. Ils étaient tous deux frères de l'infâme marquise !

Aussi, depuis cette époque, les paysans des environs ne passaient plus qu'avec effroi auprès des ruines du château de Villequoi; il leur semblait toujours voir s'agiter l'ombre de la célèbre empoisonneuse, et, comme il fallait y mêler du merveilleux, selon plusieurs, on l'aurait vue apparaître plusieurs fois enveloppée d'un linceul blanc et pleurant des larmes de sang !

Le territoire des bois de Villequoi, ainsi que celui

______

(1) Michel de Champrond, chevalier et seigneur de Croissy, Villequoi, La Bourdinière, Montainville, etc., décédé le 7 avril 1564, a été bailli et capitaine de Chartres (1543-1564).

des bois de Saint-Martin, avaient le renom d'être fréquentés par les *loups-garous*. Sur la lisière de l'un des bois de Saint-Martin, vers Louasville, existe une ferme appelée *la Grande-Ville*, nom d'un terroir voisin où l'on prétend qu'une cité d'une grande étendue aurait existé; au dire des habitants des environs, les fermiers de la *Grande-Ville* et ceux du château de Louasville étaient souvent affligés par les *caille-botiers*: c'était ainsi qu'on désignait les talents et les priviléges des *bergers-sorciers*, qui pouvaient à leur gré faire tarir le lait des vaches; et dans certains cas, des nourrices même n'auraient pas toujours été exemptes de leur funeste influence.

Les loups ont souvent été regardés par nos Beaucerons comme ayant des intelligences avec les sorciers; une sympathie surhumaine aurait soumis les loups à ces individus comme étant affiliés avec le démon; de là cette qualification de *meneurs de loups*, qui auraient le pouvoir de charmer ces bêtes sauvages et de faire dévorer les troupeaux des voisins par leurs dociles compagnons. Aussi chacun racontait au *Veillon* les noms et les prouesses des malheureux qui avaient *mené les loups* ou qui avaient été changés en *garous*.

Au milieu du carrefour formé à la jonction des quatre principales allées du bois de Saint-Martin, existait une large mare: en cet endroit, les individus qui étaient transformés en *garous* se tenaient assis sur les pattes de derrière et décrivaient un cercle; ils avaient le museau tourné vers le centre d'un foyer ardent et formaient ainsi leurs conciliabules; dans maintes circonstances, on avait entendu la cloche du prieuré tinter lentement, d'autres fois une puissance surnaturelle l'agitait violemment.

Le nombre des *garous* était considérable : à cette condition misérable étaient voués tous les individus excommuniés par l'Eglise, d'autres qui par des pratiques superstitieuses se donnaient au diable et faisaient un pacte avec lui ; les bergers avaient la faculté de reconnaître à certains signes, d'eux seuls connus, les gens qui menaient la vie de *garous*.

Il est triste de penser qu'il y a cinquante ans au plus, toutes ces croyances ridicules étaient accueillies dans nos campagnes comme des vérités (1).

De Pezy à Nicorbin, à notre gauche, est le *Champtier de la Grosse-Borne ;* cette borne n'était autre chose qu'un ancien *peulvan* druidique, sorte de monument dont tout l'ancien sol carnute était couvert. Cette pierre servit, à la fin du XVIIIe siècle, de but et de prétexte pour une machination frauduleuse que le nommé Bastien, berger de la ferme de Louasville, pratiqua contre un cultivateur de Nicorbin. Bastien se disait capable de déchiffrer les caractères creusés sur cette pierre : il devait y avoir selon lui un coup de fortune pour celui qui parviendrait à faire parler le *grand-oracle ;* mais il faudrait débourser une grosse somme pour obtenir cette révélation suprême qui enseignerait à quelle distance de la pierre et à quelle profondeur se trouvait un trésor considérable.

La dupe avança d'abord 600 livres ; d'autres sommes suivirent jusqu'à épuisement de sa fortune et de celle de sa femme, également trop confiante dans les pro-

____

(1) Le Père Malebranche *(Recherche de la vérité*, t. 1, liv. 2, chap. VI) explique parfaitement comment les sens se laissent abuser par les apparences et par les impostures.

messes du berger qui, pendant une année entière, au moyen d'une correspondance écrite en caractères phosphoriques, amusa ces victimes de sa fraude. Inutile d'ajouter que les indications du *grand-oracle* n'amenèrent aucune découverte.

Plainte fut déposée au District de Chartres par les parents de la femme contre le perfide berger. Mais, averti des poursuites qui le menaçaient, Bastien quitta le pays en emportant environ 10,000 livres enlevées à la naïve crédulité de ces pauvres gens.

La *grosse borne* a disparu depuis le commencement du siècle comme beaucoup d'autres pierres du même genre.

Il existait également un monument druidique sur le chemin du Grand-Chavernay à Montainville; il a été détruit seulement depuis quelques années; la chronique locale attachait à ce *dolmen* le souvenir d'une fraude pareille exécutée aux dépens d'un Beauceron des environs.

Nous citerons brièvement d'autres aventures qui constataient la haute puissance des bergers.

Un samedi d'hiver la *maîtresse* Barré se rendait au marché de Chartres montée sur un baudet : elle rencontra, sans le saluer, un berger faisant paître son troupeau non loin de la *vallée des Vallonais* (actuellement la vallée de Berchères). Engagée au milieu du torrent qui était rempli d'eau, la *maîtresse* Barré ne put forcer son âne à avancer; de là grand embarras, qui ne pouvait être suscité que par un *sort*. Au bout de deux heures de souffrances, elle parvint enfin à fléchir le ressentiment du berger ; celui-ci prononça quelques paroles cabalistiques; de suite, la monture se mit en marche et l'obstacle se trouva levé. Dure leçon pour les passants qui manquaient de respect aux bergers !

Le père La Houlette, berger, est une des célébrités de Pezy.

Un jour d'été, il rencontre l'un de ses voisins auprès du bois de Villequoi : « Veux-tu te rafraîchir » avec le meilleur des vins du caveau de M. Dumas, » le seigneur de Villequoi? » dit le père La Houlette ! — Le voisin était trop poli pour refuser. — Le berger ficha en terre le manche de sa houlette, tira de son havre-sac un gobelet de fer-blanc et marmotta quelques mots mystérieux. Aussitôt un jet de vin vermeil sortit du manche ; les camarades lampèrent deux rasades, et le voisin confessa que le vin était délicieux.

Il joua un tour moins agréable au régisseur du domaine de Villequoi; surpris en contravention par un garde, pour avoir mené paître son troupeau dans une luzerne sise au *Champtier de la Pierre de l'Orme,* La Houlette se vit condamné à une amende d'un louis d'or; malgré ses réclamations, il fut obligé de s'exécuter; il délivre au régisseur le louis d'or et emporte sa quittance; mais le receveur, voulant encaisser la pièce d'or, mit la main sur.... une feuille de chêne!!!

Nous ne parlerons pas des *Courtilliers,* dont le souffle desséchait les plantes; des *Noueurs-d'aiguillettes,* l'effroi des jeunes mariés; des *Envoûteurs,* qui avaient la puissance de léser telle partie du corps qu'il leur plaisait, du *Scopélisme,* qui était la faculté de rendre un champ stérile en plaçant des pierres arrangées dans un certain ordre; puis de la *Chasse-Hennequin;* de la *Mule ferrée;* des *Flambarts,* phénomène naturel désigné dans le Perche sous le nom de *félo;* des *Laîtisses,* croyance peu répandue dans la Beauce, mais très-connue dans le Perche et la Normandie.

Nous tenons à ne pas nous éloigner du sujet principal que nous traitons, et nous borner à signaler les hauts faits des anciens bergers. Quant aux abus qu'ils commettaient trop souvent, au déshonneur de pauvres veuves ou de leurs filles obligées de céder à leurs infâmes convoitises, les preuves surabondent dans les dossiers judiciaires (1).

Fort heureusement, les cultivateurs ont su, avec raison, s'affranchir d'un joug aussi intolérable : au besoin, la loi et les magistrats chargés de l'interpréter, réprimeraient énergiquement les incroyables malversations qui désolaient autrefois l'agriculture beauceronne. Le progrès a marché et a éclairé tout le monde ; les bergers, dépouillés à cette heure, des prestiges merveilleux que nos pères attachaient aux sciences occultes, ne sont plus, à de très-rares exceptions, que des serviteurs zélés, intelligents, disposés à bien faire ; la race des bergers-sorciers leurs ancêtres a disparu, nous devons l'espérer, à toujours.

Il se manifesta au XVIIe siècle dans les fermes de la Beauce un progrès réel dans la composition et l'entretien des troupeaux ; la Brie et la Normandie, qui depuis le XVIe siècle retiraient de grands avantages de cette branche d'industrie, devinrent pour nos cultivateurs beaucerons un stimulant ; aussi choisissaient-ils de préférence des bergers qui avaient été employés dans ces deux provinces.

(1) *Recueil de pièces pour servir de supplément à l'histoire des pratiques superstitieuses* (Paris, 1751).

C'est de la Normandie que Jean Astelin dit le Noir arriva comme berger dans notre contrée : il loua ses services pour la Toussaint 1659 à Jean Malnou, cultivateur à Pezy ; peu après arrivaient au même village une femme, et une jeune fille âgée de quelques mois, c'étaient l'épouse et l'enfant de Jean le Noir ; sa famille se logea dans un petit local à l'extrémité du village, dans la rue de Paris. Ce nouveau berger, qui avait la peau très-brune, le regard fixe, les traits fortement accentués, le nez pointu, les lèvres minces et pincées, accusait par son physique la ruse jointe à l'énergie ; il avait le son de voix doux et nazillard et paraissait âgé d'environ quarante ans. D'où venait-il ? on l'ignorait. Suivant des communications par lui faites, il aurait habité pendant de longues années la Lorraine et le Cotentin. Sa femme, appelée Jeanne, était d'une maigreur remarquable, teint fortement basané, cheveux crépus, ses yeux très-noirs et pleins d'intelligence et son accent méridional annonçaient une nature résolue ; un mouchoir lui servait de coiffure, et de larges boucles pendaient à ses oreilles ; ce type féminin se rencontre encore de nos jours dans ces familles nomades qui parcourent la France ; on les appelait autrefois gens de la *Petite Egypte*, on leur donne aujourd'hui la dénomination de Bohémiens.

Jean le Noir comme berger remplissait convenablement ses fonctions ; il possédait l'usage pratique de la thérapeutique vétérinaire ; souvent les habitants du village et ceux des environs avaient recours à lui dans des cas de maladie de leurs familles, et il avait au plus haut degré le talent de guérir le *charbon*.

Jeanne ne pouvait entretenir avec les femmes du village des relations commodes ; son langage étrange et peu intelligible y mettait obstacle. Au bout de quelques mois, elle s'initia dans le patois familier au pays, et le métier de devineresse devint une branche d'industrie très-lucrative pour le ménage : la renommée de la Sibylle s'étendit au loin, les esprits crédules la consultaient; les jeunes gens et les jeunes filles sur le succès de leurs amours, les plaideurs sur l'issue de leurs procès, tel qui recherchait un objet volé ou perdu espérait en retrouver les traces; enfin, grâce aux charlataneries de la prophétesse, les dupes ne manquaient pas.

Mais des bruits sinistres circulaient dans la Beauce. Depuis trois ans (1659 à 1662), une grande mortalité sévissait sur les bestiaux, on citait telle paroisse où mille moutons étaient morts; la terreur s'empara de tous les laboureurs et plusieurs exploitations furent abandonnées.

Cet état de choses appela l'attention de l'autorité, on fit de minutieuses recherches et il fut constaté que des bandes de malfaiteurs étaient affiliées avec les bergers. Des maladies simulées et provoquées par des breuvages équivoques qu'ils administraient, atteignaient subitement les moutons. Les cultivateurs, supposant leurs troupeaux en proie à la contagion ou frappés de maléfices, ne voyaient pas d'autre remède que de s'en défaire à vil prix; les acheteurs étaient bien entendu ces compères astucieux, associés des bergers; ils s'empressaient de faire émigrer leurs emplettes dans des contrées plus ou moins éloignées, et de neutraliser les effets des breuvages, bientôt ils en tiraient un excellent parti.

L'instruction judiciaire de tous ces méfaits fut poursuivie par Louis Gobineau, lieutenant-criminel.

Malgré les *moniloires* et *quérémonies* publiés aux prônes des paroisses du bailliage, on n'obtint pas de preuves suffisantes contre tous les individus soupçonnés. Douze accusés seulement, parmi lesquels figurait Jean Astelin, furent mis en jugement. Par la sentence du Présidial de Chartres prononcée le 17 novembre 1662, six furent condamnés aux galères et trois bannis de l'étendue du bailliage pour neuf ans. La même sentence prononça l'acquittement d'Astelin et de deux autres accusés.

A la suite de ce procès Astelin et sa famille quittèrent le pays.

Vingt ans après, un individu vint s'établir sur un terrain vague et inculte à l'extrémité de la paroisse de Pezy, joignant les limites de celles de Theuville et de Dammarie; il se bâtit une chaumière de médiocre apparence avec un enclos fermé par une haie sèche. Ce nouveau paroissien de Pezy n'était autre que le fameux Astelin. On sut plus tard qu'il avait un neveu employé en qualité de berger à la ferme de Louasville, un des hameaux voisins.

Le vendredi 16 mai 1681, à onze heures du soir, le paisible village de Pezy était mis en émoi par les cris répétés de : au feu! au feu! En effet, un incendie considérable dévorait la maison occupée par la veuve Vauvelle, sage-femme. Le curé, de Turquetil, le sergent du Chapitre, Poulard et le tabellion Benoist présidaient avec dévouement aux manœuvres employées pour l'extinction du fléau destructeur; mais la violence du feu était telle que les travailleurs ne purent que le matin du 17 fouiller les débris de l'habitation. Ils y trouvèrent deux cadavres à moitié carbonisés.

Voici dans quels termes sont conçus leurs actes de

décès; nous les avons relevés sur les registres de l'état civil de la paroisse de Pezy :

Le 18 mai 1681, a esté par moy soubz signé curé de Pezy, a esté inhumé dans l'Eglize le corps de feu Margueritte Leralle veufve de feu Jean Vauvelle, sage-femme jurée, agée de cinquante ans, ladite femme brullée dans sa maison, etc., etc.

Et à la suite :

Le 18 mai 1681, fut inhumé le corps de Jeanne Boucher fille muette de feu Macé Boucher, brullée estouffée avec ladite Margueritte Leralle sage-femme dans l'embrasement de sa maison, dans le cimetière dudit lieu en présence de Taurin Vauvelle son cousin germain, Pierre de Turquetil, Pierre Leralle, Taurin Lecocq, et quantité d'autres qui ont dit ne savoir signer.

P. LERALLE, T. LECOCQ, DURAND, P. DE TURQUETIL.

Le sinistre avait d'abord été attribué à une imprudence; mais le curé et le sergent du Chapitre ayant apporté trop de lenteur dans l'information, et des doutes subsistant, le Prévôt de la Maréchaussée se chargea de l'instruction (1).

L'exhumation des deux cadavres eut lieu, et l'autopsie fut faite par Germain Cassegrain, médecin, Mallet, apothicaire à Chartres, et Pierre Marceau, chirurgien à Ver-lès-Chartres. Les hommes de l'art constatèrent au cou de la veuve Vauvelle une trace de ligature faiblement apparente, et des perforations pratiquées par un instrument aigu sur le corps des deux victimes.

(1) Lorsque les officiers d'une justice seigneuriale avaient négligé d'instruire pendant les trois jours où un crime avait été révélé, le prévôt de la maréchaussée retenait l'instruction et poursuivait au nom du Roi.

La rumeur publique dénonçait comme les auteurs de ce crime Astelin et son neveu; un archer de la maréchaussée de Voves avait recueilli la déclaration de Jean Communeau dit l'Arrivé, meunier à vent à Louasville, qui avait été informé par la veuve Vauvelle des menaces que Jean Astelin lui avait adressées : Cette malheureuse femme avait déjà fait connaître ses craintes à M. André Haudry, prévôt et bailli de Voves, et depuis deux mois sa vache et ses poulets étaient devenus les victimes de la vengeance d'Astelin qui devait la couronner par l'horrible crime que nous rapportons.

Astelin et son neveu parurent comme accusés devant le Présidial de Chartres, aux audiences des 17, 18 et 19 novembre 1681. Quarante-deux témoins furent entendus.

Nous bornerons notre récit de cette grave affaire à l'énoncé de la sentence :

« Jean Astelin dit le Noir ancien berger dans la paroisse de Pezy, est atteint et convaincu, d'avoir par drogues *et maléfices* fait périr, depuis plusieurs années, une quantité considérable de moutons et autres animaux aux Srs Garnier, Gourfalon, J. Lecocq, T. Lecocq, P. de Turquetil, M. Bouvart de Pezy, P. Lefevre de Louasville, Besnard et Leralle de Nicorbin ;

» D'avoir, dans la nuit du 16 mai dernier, commis un assassinat sur les personnes de Margueritte Leralle Vᵉ Vauvelle et de Jeanne Boucher, demeurants en la paroisse de Pezy, et ensuite incendié la maison de cette veuve et ses dépendances, ayant l'intention avérée de cacher ses crimes.

» Ledit Jean Astelin est condamné, ayant la corde au col, nud en chemise, et une torche de cire ardente au poing du poids de deux livres, être conduit devant la Porte Royale de Notre Dame de Chartres, et là faire amende honorable, en déclarant que méchamment, *avec maléfices* et empoisonnement, il a détruits

les bestiaux d'autrui, avoue aussi qu'il est meurtrier et incen-
diaire ; que de tous ces crimes il demande pardon à Dieu, au
Roi et à Justice.

» Qu'il sera ensuite conduit sur la place des Halles de cette
ville de Chartres ; là y étant arrivé, y être pendu et étranglé à
une potence dressée à cet effet, que son corps sera brûlé et
consummé, les cendres en seront ensuite jettées au vent ; ses
biens seront ensuite confisqués, et sur ceux-ci ; sera prélevée la
somme de 300 livres, applicables à l'entretien des prisonniers de
la Tour du Roy à Chartres, plus une autre somme de 100 livres,
pour faire dire des messes pour le repos de l'âme de la Ve Vauvelle et de Jeanne Boucher.

» Ledit Jean Astelin sera préalablement appliqué à la question
ordinaire et extraordinaire, pour avoir révélation de ses com-
plices. »

Quant à son neveu, Pierre Astelin, berger à Louasville, il ne fut pas établi qu'il eût coopéré à l'assassinat de Pezy, mais bien à des vols et échanges
de moutons, au préjudice de son maître et d'autres
cultivateurs; il fut condamné aux galères pour la
vie, après toutefois avoir été marqué sur l'épaule
d'un fer rouge par le bourreau.

Le dimanche 14 janvier 1682, Coustelier, geôlier
des prisons de Chartres, en rendant sa visite habi-
tuelle du matin aux cachots du Bas-Pilier, trouva
Jean Astelin mort dans son cachot et le corps déjà
froid. Il fut reconnu qu'il s'était empoisonné avec un
liquide contenant en dissolution une certaine quantité
d'oxyde de cuivre : le condamné avait, depuis plusieurs jours, gardé son urine et baigné plusieurs
monnaies de cuivre dans le vase de terre. Le corps du
suicidé fut exposé sur la pierre de la Tour du Roy (1).

(1) A droite en entrant, au fond de la cour et à côté de l'es-

Nous n'avons trouvé aucune indication de son inhumation sur la paroisse Saint-Aignan : quant à son
neveu, le jugement rendu contre lui reçut son exécu-
tion.

Les registres capitulaires de Chartres fourniront de
nouvelles preuves contre les pratiques de sorcellerie
et les méchancetés reprochées aux bergers.

20 septembre 1702. — M. Fleury, chanoine, dit en
Chapitre : « qu'un berger du sieur Artelier, bailly de
» Villars, s'est vanté devant plusieurs personnes
» d'avoir *jeté le sort* sur le berger du nommé Doléant
» et sur ses chevaux et moutons. »

28 septembre 1702. — « Le fermier de Villars dict
» que celui qui *a faict les maléfices* sur les bestiaux
» et chevaux qui ont causé leur mort, ayant été dé-
» couvert, il croit que la compagnie voudra bien faire
» les poursuites. »

En effet, le Chapitre ordonna d'informer et pria
M. de Bricourt, chanoine, de se transporter à Villars,
recueillir les informations nécessaires : nous n'avons
pas trouvé de traces de l'enquête.

calier de pierres qui conduisait à la salle d'audience du bailliage
de la Tour du Roy (actuellement la place Billard), était une large
pierre ayant deux mètres de long sur un mètre de large, et ex-
haussée du sol de cinquante centimètres. C'est en cet endroit
qu'on exposait à la vue du public tous les individus qui étaient
trouvés morts sur la voie publique ou même qui s'étaient suici-
dés. Ce n'était qu'après cette formalité, que le procureur du Roi
donnait un permis d'inhumation ; l'exposition était de douze
heures, temps jugé nécessaire pour faire l'enquête.

23 juin 1759. — « Le Bailly de Charonville marque
» qu'il y a des misérables qui jettent des Gobes (1)
» dans les champs et font périr les bestiaux, ainsi
» qu'on l'a reconnu par l'ouverture de plusieurs. » Il
est ordonné que le Procureur fiscal rendra plainte
contre les délinquants.

La sorcellerie n'a plus la puissance d'exploiter les
esprits faibles et crédules; mais les manœuvres frau-
duleuses de certains bergers n'ont pas été entièrement
détruites dans notre pays.

Pendant le cours des années 1835 à 1837, une asso-
ciation d'individus, la plupart bergers, s'était formée
sur les confins du département, dans l'arrondissement
de Châteaudun, pour voler ou échanger les moutons
confiés à leur garde; ils en vendaient une partie aux
bouchers; souvent aussi, ils s'en régalaient dans des
orgies à Terminiers; la peau des animaux était remise
aux cultivateurs, en signe de mort dans les parcs;
souvent la même peau servait plusieurs fois pour
masquer le vol des moutons.

La session des Assises d'Eure-et-Loir du mois de

(1) On appelle vulgairement *gobe-moutons* des *égagrophiles*,
espèces de pelottes composées du poil ou de la laine des animaux, qui se rencontrent dans la panse des ruminants; elles sont
recouvertes d'un enduit visqueux qui est produit par l'estomac;
dans certains cas elles peuvent occasionner la mort.

A titre d'essai on plaça des *gobe-moutons* miellées sur le tra-
jet à parcourir par un troupeau, aucun animal ne voulut y tou-
cher.

Voyez, sur les *gobe-moutons* ou *égagrophiles*, le *Magasin
Pittoresque*, t. III, p. 175.

décembre 1837 vit comparaître, à l'audience du 19, trente-quatre accusés, bergers, bouchers et voleurs libérés; l'acte d'accusation formait un volume in-folio.

Dans les nombreux vols reprochés à cette bande de malfaiteurs, on remarque deux cent deux moutons, cent soixante-quatorze poules, sept oies grasses, onze oies ordinaires, sept canards, huit lapins, puis des légumes, du beurre, du fromage et des ruches à miel.

Les débats occupèrent sept audiences et le jury eut cinq cent cinquante-deux questions à résoudre. Sur les trente-quatre accusés, vingt-cinq furent condamnés à des peines diverses, neuf furent acquittés.

Ces recherches rétrospectives auront réveillé le souvenir des superstitions anti-religieuses qui ont désolé long-temps les campagnes de la Beauce ; entretenues par l'ignorance des populations, elles devenaient facilement victimes des stratagèmes frauduleux que les prétendus sorciers exerçaient impunément.

CHAPITRE III.

SOMMAIRE.

Biographies Astrologiques : M. Tourneroüe ; Fl. de Villiers ;
. de Pharès ; P. Pynard ; J. Pilleu ; J. de La Taille ; Et. Libois.
— Les mouches de Chartres et les couleuvres d'Illiers. — Comment il est prouvé que toutes les traditions et croyances populaires de la Beauce ne sont pas imprimées, etc, etc.

Dans les rangs élevés de la société, la sorcellerie avait acquis une haute importance : on considérait comme science l'astrologie et la cabalistique.

Nous terminerons naturellement la tâche que nous avons entreprise, en indiquant les personnages de notre province qui se sont illustrés dans les sciences occultes.

L'abbé Brillon dans ses *Additions à la Bibliothèque Chartraine* de D. Liron (1), fait mention de MICHEL TOURNEROUE, chartrain « grand Astronôme, amy de Charles VI, auquel il
» prédit qu'il prendroit à la chasse un cerf qui avoit un collier
» de cuiure au col, auec l'inscription : HOC CÆSAR MIHI DONA-
» vit. » Juvenal des Ursins, dans son *Histoire de Charles VI*,
applique ce fait à l'année 1380 (2).

(1) Manusc. de la Bibl. de Chartres, 5/c 27 ter, p. 317. — Voy. *Panégyriqve de la ville de Chartres*, par C. Challine (Paris, G. Pelé, 1642, in-4º), p. 39.

(2) In-folio, 1653, Imprimerie royale, p. 10.

Au XVe siècle, FLORENT DE VILLIERS de Châteaudun, con-
seiller de Jean, comte de Dunois, dit le Bâtard d'Orléans, médecin et astrologue renommé ; il prédit à Louis d'Orléans, père de
Jean de Dunois : *qu'il n'estoit pas nécessaire de bastir une maison à son fils, parce qu'il seroit toute sa vie occupé au service
d'autruy ; et en divers lieux* (1).

SIMON DE PHARES ou PHARÈS serait né à Châteaudun au
XVe siècle suivant dom Liron (2) ; il fut élevé auprès des enfants
de Jean, comte de Dunois ; il étudia la médecine à Montpellier et
parcourut pour son instruction l'Europe et l'Asie. Il enseigna
publiquement l'astrologie ; cette profession lui fut interdite
en 1493 par l'archevêque de Lyon, ville où il s'était fixé. Pharès
possédait une curieuse bibliothèque cabalistique ; des poursuites
furent dirigées contre lui et ses livres furent saisis. Un arrêt du
Parlement de Paris (1494) confirma les poursuites de l'official de
Lyon, et défense fut faite à Pharès d'exercer l'astrologie judiciaire,
de consulter les devins, de débiter les livres qui traitaient de cet
art et de s'en servir. Charles VIII, à son retour de l'expédition
de Naples en 1495, visita le célèbre cabinet de Simon de Pharès.
Ce savant astrologue composa sur ses vieux jours un *Recueil
des plus célèbres astrologues* ; l'ouvrage est resté manuscrit.

Bernier et D. Liron ne sont pas d'accord sur les faits et gestes
de *Fl. de Villiers* et de *S. de Pharès*, qu'ils attribuent indis-
tinctement à l'un et à l'autre ; nous laissons aux érudits le soin
de débrouiller ce chaos biographique.

PASQUIER PYNARD, né à Dreux au commencement du XVIe
siècle, était mathématicien et astronome. Il composa un almanach
pour l'an du salut 1552 (Paris, M. Vechel, 1552), où il est
traité de l'astrologie (3).

(1) *Hist. de Blois*, par Bernier, in-4°, p. 216.

(2) *Singul. Hist.*, t. I, p. 313.

(3) La Croix du Maine *(in-fol. Paris, L'Angelier, 1588)*,
p. 371.

JEAN PILLEU, né à Chartres, jouissait d'une grande renommée à Paris au milieu du XVIe siècle, par ses connaissances en musique, mathématiques et astrologie. Il composa un almanach et « prognostication composez et calculez sur tous les climats » de France, Espagne, Romanie et Almagne, etc., » pour 1571 (Paris, M. Buffet, 1570) (1).

JEAN DE LA TAILLE, littérateur du XVIe siècle, a composé un ouvrage intitulé : *La Géomance abrégée de Jean de la Taille de Bondaroy, gentil-homme de Beauce, pour sçauoir les choses passées, présentes et futures* (Paris, Breyer, 1574, in-4º). Ce savant, peu satisfait de ses études poétiques et de son commerce avec la muse tragique, aborda la prétendue science de l'astrologie. Dans l'épitre de son nouveau volume il dit : « Ie scay qu'en voyant ceste mienne géomance, tu te gaudiras, » ou t'esmerueilleras de moy, qui me rue maintenant sur l'as- » trologie. Mais quoi? mon esprit ne peult estre non plus en » repos, que le ciel dont il est issu. »

ÉTIENNE LIBOIS, né à Courville, décédé en 1776, fut pendant long-temps employé au Palais à Paris comme expéditionnaire ; la philosophie hermétique était son unique distraction pendant les instants que son emploi lui laissait libres. Il croyait avoir le talent et le secret de faire de l'or. Le secret ne profitait guère au pauvre employé ; il considérait la misère comme la compagne obligée de la science hermétique. Il fit imprimer ses doctrines et ses élucubrations sous ce titre : *L'Encyclopédie des dieux et des héros sortis des qualités des quatre éléments et de leur quintessence, suivant la science hermétique, par M. Libois* (Paris, Ve Duchesne, 1773, in-8, 2 vol.). Cet ouvrage fut recherché à son apparition pour les détails et les révélations curieuses qu'il contenait. A cette époque Mesmer et la pierre philosophale étaient en vogue.

(1) La Croix du Maine, *ut supra*, p. 258.

Un de nos concitoyens, qui a gardé l'anonyme, publia en 1686 un ouvrage intitulé : *Les mouvemens des Astres et les différentes constitutions de l'air qui arriveront pendant le cours de l'année mil six cens quatre vingt six, Deligemment observez. Avec un Pronostic général des changemens de Temps et un petit discours de la nature du Talisman* (1).

C'est une espèce d'almanach cabalistique : nous avons rencontré dans le *Discours sur les Talismans,* deux faits locaux assez singuliers qui se placent naturellement dans cette esquisse.

Page 18, de ce discours, on lit: Qu'Apollonius, par le mystère d'un talisman, qu'il fit sous la figure d'une cigogne, empêcha les oiseaux importuns d'entrer dans Constantinople ; il en fit ensuite un autre pour détourner d'Antioche, les moucherons ; l'auteur ajoute qu'à Rome où se fait le trafic des bœufs, on n'est incommodé par aucune mouche, grâce à un talisman.

« A Chartres, une des villes capitalles de la Beausse, l'on a depuis long-temps observé, que le marché où l'on expose les Bestiaux en vente, lors de la foire qui ce tient en un lieu un peu écarté de la ville, le vingt-quatrième iour d'aoust, feste de Saint-Barthelemy, il ne s'y trouve aucunes mouches (2) ou du moins elles ne font aucune ou peu d'impression sur les corps de ces animaux exposez qui y demeurent

(1) Chartres de l'imp. de Cl. Germont, in-12 de 119 pages (sans date) ; la permission est datée du 26 juillet 1686.

(2) Les boucheries de Troyes en Champagne, jouissaient du même privilège. Voyez *Légendes, curiosités, etc., de la Champagne,* par A. Assier, Paris, 1860, p. 47.

tranquilles ; par la force et la vertu d'un talisman que l'on dit aussi estre déposé en ce lieu-là.

» En un endroit qui n'est pas beaucoup éloigné du Boury d'Illiers, une personne de condition se trouvant fort incommodée des couleuvres, qui estoient en grand nombre autour des fossez de sa maison, fit une figure talismanique laquelle fut mise en terre soubs l'eau de ses fossez ; et aussi-tost les couleuvres en furent chassées. »

A la lecture de ces naïvetés, nous nous inclinons devant la prudence de l'auteur qui a, pour l'honneur de son nom gardé l'anonyme.

CHAPITRE IV.

CONCLUSION.

Nous n'avons pas épuisé la liste des astrologues beaucerons.

Nous avons aussi seulement effleuré la relation des fables et aventures fantastiques, que les traditions du Moyen-Age ont grossies et embellies pour l'amusement des veillées dans les campagnes.

Partout, des documents fourmillent sur les pratiques superstitieuses. Ainsi, un des registres de Robert Saillart, tabellion de la Tour du Roi à Chartres, contient un acte du 27 mai 1488, où il est écrit : « Jehan » Plumé, bourgeois de Chartres, seigneur de Changé, » en la paroisse de Saint-Piat, possède cinq septiers » de terre assis audit lieu, *aux grans bonnes juxte la* » *devigneresse de Maingournois.* »

Quel lieu pouvait-on mieux choisir pour habiter et pour exercer le métier de sorcière, que l'agglomération et le voisinage des *peulvens* et *dolmens* druidiques de Changé? groupes de pierres qui, suivant la croyance de cette contrée, étaient, pendant chacune des nuits des Avents, hantés par les sorciers, les revenants et les fées de la vallée de l'Eure.

Comme nous l'avons dit en commençant cet article, il serait facile de produire plusieurs volumes de légendes, de chroniques et de traditions populaires touchant les mœurs et croyances superstitieuses de notre pays chartrain ; nous n'avons interrogé qu'une petite contrée et elle nous a fourni une ample matière pour nos récits. Chaque jour, hélas! les vieux souvenirs et les vieux conteurs disparaissent ; quelques années encore, et les *veillons des tricotteuses*, ces trésors inépuisables de bavardages, seront anéantis.

Dans cette esquisse, nous avons omis la visite du *Sénéchal de Garlandes*, qui, depuis un grand nombre de siècles, vient, toutes les nuits du Vendredi-Saint, monté sur un cheval blanc, bardé de fer, chevaucher près de la tour du Boël au Puiset ; l'histoire des *Grenouilles des fossés et de l'étang de la Herbaudière*, commune de Charbonnières, qui faisaient taire leurs coassements par politesse envers la châtelaine de ce lieu, pendant la durée de ses couches ; les aventures des *Faux-monnayeurs* du château des Autels-Saint-Eloi ; la fameuse prédiction aquatique du *Trou d'Houdouenne*, prédiction peu rassurante pour la cité chartraine ; les échos du *Croth aux fées* de la plaine d'Amilly, conduit sinueux, d'une dizaine de kilomètres ; puis la *Dame blanche* et les *Laveuses* de la mare du bois des Joncs à Gironville ; les gémissements de la *Tour d'Alluyes*, ainsi que de celle de *Bois-Ruffin*, qui ont vu de sanglantes mêlées au pied de leurs murailles et dans leurs fossés !

En nous rapprochant de l'époque actuelle nous aurions pu discuter l'origine et les causes du dicton calomnieux des *Sorciers de Moriers ;* les *Apparitions de Martin de Gallardon* (1816) ; l'histoire des *Diableries de Poisvilliers* (1818) ; l'*Esprit frappeur de Challet* (1824) ; les mémoires de la *Sibylle de Oisème ;* les trop faciles syncopes de la *Somnambule de Villequier* et les demi-mots du *Devin de Poiffonds*, pour faire suite aux mémoires du *Diable-Boîteux des Vauroux,* lequel nous a décrit sous une forme spirituelle, et savante, la constitution géologique de notre département ; nous arriverions enfin aux cures miraculeuses du *Marcoul de Vovettes!!!*

Conservons seulement comme enseignements historiques les souvenirs des croyances superstitieuses du temps passé, croyances absurdes qui ont eu, dans beaucoup de cas, les conséquences les plus funestes ; jetons un regard de pitié sur ces pauvres insensés qui, de gaité de cœur et pour soutenir les mensonges les plus ridicules, s'accusaient et soutenaient avoir été au *sabbat* ou bien s'être vus changés en *loups-garous,* temps malheureux où l'astrologie était regardée comme infaillible (1).

L'on a dit avec raison que les objets de notre superstition n'étaient que changés, la crédulité publique, n'est pas convertie ; la facilité d'accueillir les fausses croyances s'exerce seulement sur des sujets nouveaux, mais que pour cela elle n'avait pas perdu de sa puissance.

Après les sorciers du XVIe et du XVIIe siècle sont venus *Mesmer* et *Cagliostro* faisant suite à la baguette divinatoire de *Jacques Aimar ;* de nos jours, en plein XIXe siècle, n'a-t-on pas prétendu que *nos tables savaient parler et écrire!!!*

Puis, nos Sibylles contemporaines, sous le nom de somnambules, ont ressuscité l'âge d'or des escrocs.

(1) *Discovrs exécrable des Sorciers, ensemble leurs Procez faits depuis deux ans en ça en divers endroicts de la France,* par Henry Bogvet, Grand juge au Comté de Bourgogne (Rouen, R. de Beauvais 1606).

Les tribunaux avec raison ont poursuivi et condamné ces Pythonisses se disant inspirées ou affligées du magnétisme animal ; ces juges et médecins en jupons poussaient l'impudence jusqu'au point de proclamer comme infaillible, les découvertes de prétendus coupables et les cures merveilleuses qu'elles auraient opérées, à l'aide de compères. Combien de fois la quatrième page des journaux n'a-t-elle pas donné leurs adresses et leurs heures de réception !

On aurait tort de croire qu'il est impossible d'extirper la superstition, cette plante vivace et persistante : tôt ou tard, les efforts de la science et du bon vouloir triompheront de ces funestes erreurs : combattre à outrance la fraude et la superstition, n'est-ce pas rendre un service signalé aux esprits *simples*, et bien mériter de la société. Honneur donc et reconnaissance aux hommes savants et courageux qui, comme : *Lebrun, J.-B. Thiers, Biot, Salgues* et *Richerand*, dans chacun de leurs ouvrages, ont attaqué et combattu bien des erreurs et des croyances populaires qui n'ont plus cours à notre époque.

Achevé d'imprimer le 20 mars 1861
et tiré à 80 exemplaires,

dont 60 sur papier vergé,
   10   —   azuré,
   10   —   de couleur.

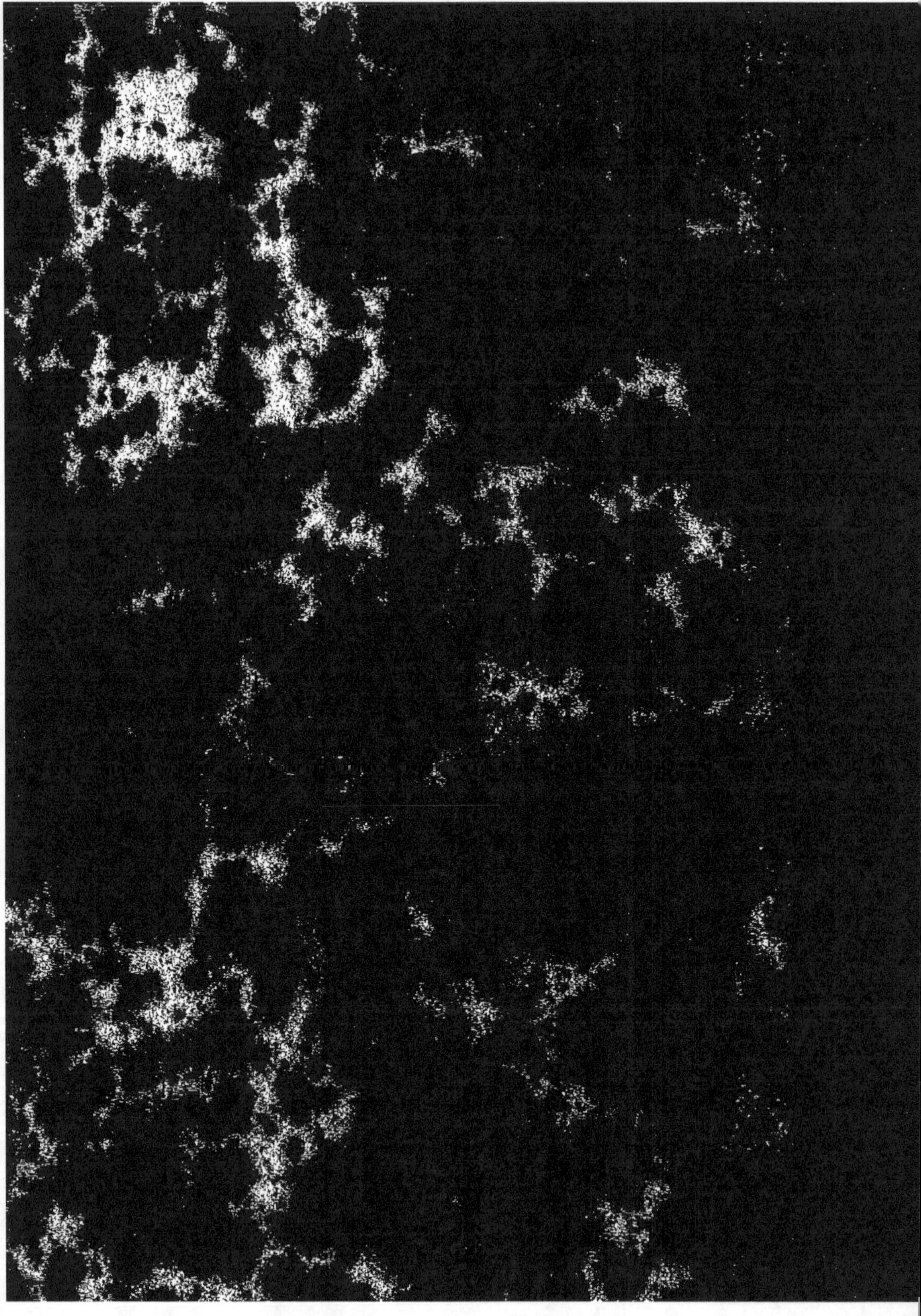